BEI GRIN MACHT SICH IHR
WISSEN BEZAHLT

AF150084

- Wir veröffentlichen Ihre Hausarbeit,
  Bachelor- und Masterarbeit

- Ihr eigenes eBook und Buch -
  weltweit in allen wichtigen Shops

- Verdienen Sie an jedem Verkauf

Jetzt bei www.GRIN.com hochladen
und kostenlos publizieren

Mareike Schumacher, Meike Bährens, Nadine Köster

Klassen und Stände bei Weber und in der empirischen Sozialforschung

GRIN Verlag

Bibliografische Information der Deutschen Nationalbibliothek:

Die Deutsche Bibliothek verzeichnet diese Publikation in der Deutschen National-
bibliografie; detaillierte bibliografische Daten sind im Internet über http://dnb.d-
nb.de/ abrufbar.

Impressum:

Copyright © 2004 GRIN Verlag GmbH
Druck und Bindung: Books on Demand GmbH, Norderstedt Germany
ISBN: 978-3-656-56104-0

Dieses Buch bei GRIN:

http://www.grin.com/de/e-book/32354/klassen-und-staende-bei-weber-und-in-der-
empirischen-sozialforschung

GRIN - Your knowledge has value

Der GRIN Verlag publiziert seit 1998 wissenschaftliche Arbeiten von Studenten, Hochschullehrern und anderen Akademikern als eBook und gedrucktes Buch. Die Verlagswebsite www.grin.com ist die ideale Plattform zur Veröffentlichung von Hausarbeiten, Abschlussarbeiten, wissenschaftlichen Aufsätzen, Dissertationen und Fachbüchern.

Besuchen Sie uns im Internet:

http://www.grin.com/

http://www.facebook.com/grincom

http://www.twitter.com/grin_com

Georg-August-Universität Göttingen
Soziologisches Seminar
Proseminar:
Wirtschaft und Sozialstatistik/Statistik II

Klassen und Stände bei Max Weber und in der empirischen Sozialforschung

Referenten:
Meike Bährens
Nadine Köster
Mareike Schumacher

Inhaltsverzeichnis

1. Einleitung

Mit welchen Instrumenten kann heutzutage adäquat die Sozialstruktur unserer Gesellschaft erfasst werden?

Es ist unumstritten, dass Gesellschaften soziale Ungleichheiten aufweisen. Bevor man diese allerdings empirisch untersuchen kann, gilt es ein theoretisches Gebäude zu entwickeln, welches Kategorien für die faktische Untersuchung bereitstellt. Diese Kategorien werden mit spezifischen Methoden der empirischen Sozialforschung operationalisiert.

Gerade im Vergleich zu den ersten Untersuchungen sozialer Ungleichheit haben sich diese Methoden der Analyse radikal weiterentwickelt. Nicht zuletzt berührt dieser Komplex die Unterschiedlichkeit der Theorien, die auf die Gesellschaftsstrukturen ihrer eigenen Zeit reagieren. Das bedeutet, dass sie sich den Veränderungen gesellschaftlicher Umstände anpassen müssen.

Diese Arbeit soll nun alte und neue Ansätze der Sozialstrukturanalyse kontrastieren. Weiterhin wird erklärt, inwieweit die neuen Klassifizierungen auf mittlerweile überholte Differenzierungen speziell der Weberschen Theorie zurückgreifen.

Das Modell der Gesellschaftsstruktur nach Max Weber schließt gleichermaßen ökonomische Gesichtspunkte wie auch soziale Kriterien ein, um die Position eines Individuums im sozialen Gefüge zu bestimmen.

Beide Komplexe gehören immer noch zu den kontemporären Ansätzen der Gesellschaftstheorie, allerdings werden diese anders bewertet, operationalisiert und angewendet.

Das erste Kapitel stellt zunächst den Weberschen Ansatz der Sozialstrukturanalyse dar. Das zweite und dritte Kapitel greifen die beiden entscheidenden Aspekte dieser Theorie – Klasse und Stand – auf, indem sie ihre Verwendung in der heutigen empirischen Sozialforschung nachzeichnen.

2. Klassen und Stände bei Max Weber

Weber führt in seinem Buch „Wirtschaft und Gesellschaft" die Unterschiede zwischen Klassen und Ständen aus. Er konstruiert eine mehrdimensionale Struktur der Gesellschaft. Weber bringt ein weiteres Merkmal in die Diskussion des sozialen Ungleichgewichts und deren Gründe ein. Neben den ökonomischen Aspekten einer gesellschaftlichen Strukturierung bezieht er nun die Lebensführung, die sich von den wirtschaftlichen Voraussetzungen unterscheiden kann, ein (Costas 1985, 90).

2.1 Klassenbegriff und Klassenlage bei Weber

Der Begriff der *Klassenlage* konstituiert er als die Chance, die sich aus den gegebenen Möglichkeiten der Güterversorgung, der äußeren Lebenseinstellung und des inneren Lebensschicksal ergibt (Weber 1980, 177). Die Klassenlage bezieht sich auf den Lebensunterhalt im ökonomischen Sinne und auf die Wirtschaftsordnung.

Klasse ist eine Gruppe von Menschen, die sich in der gleichen Klassenlage befinden. Weber unterteilt diese in drei Kategorien:

1. Besitzklasse
2. Erwerbsklasse
3. Soziale Klasse

Im ersten Fall sind der Besitz bzw. die Besitzunterschiede das entscheidende Kriterium der Klassenlage. Weber unterscheidet zwischen einer positiv privilegierten Besitzklasse und einer negativ privilegierten Besitzklasse. Als Beispiel für positiv privilegierte Klassen nennt er Gläubiger und „Rentner"; Menschenrentner und Anlagerentner. Anlagerentner sind Besitzer von Arbeitsanlagen und Apparaten. Dem gegenüber steht die Klasse der negativ Privilegierten; Verschuldete, Besitzobjekte/Unfreie und Arme (ebd., 177f.).

Zwischen diesen beiden Extremen gibt es die *Mittelstandsklasse*, die ihren Lebensunterhalt durch Besitz oder Erziehungsqualitäten erwerben.

Die Erwerbsklasse bezieht sich auf die Güterbeschaffung und Marktverwertung von Leistungen, im speziellen Arbeitsleistungen. Die Erwerbsklasse ist ebenfalls in eine positiv, eine negativ privilegierte und eine Mittelklasse gegliedert. Als Beispiel für eine positiv privilegierte Erwerbsklasse nennt Weber Unternehmer, Händler, Bankiers und

Finanzierungsunternehmen, und so genannte „freie" Berufe, die eine besondere Fähigkeit oder eine besondere Schulung voraussetzen (Anwälte, Ärzte, Künstler) (ebd., 178).

Die Klasse der Arbeiter zählt Weber zu der negativ privilegierten Erwerbsklasse. Er unterscheidet zwischen gelernten, angelernten und ungelernten Arbeitern. Beamte und selbstständige Handwerker werden von Weber zu der Mittelklasse sortiert (ebd., 179).

Webers letzte Klasse - die soziale Klasse - umfasst die komplette Arbeiterschaft, das Kleinbürgertum, die „besitzlose Intelligenz", hiermit sind fachgeschulte Techniker gemeint, die Klasse der Besitzenden und durch ihre Bildung, privilegierte Menschen (ebd., 179). Unterscheidungen wie in der Besitzklasse und der Erwerbsklasse werden nicht vorgenommen. Weber führt in einem weiteren Kapitel aus, dass Klassen durch die ökonomischen Gegebenheiten gebildet werden. Der Güterbesitz und die Erwebsinteressen, die sich auf die Marktsituation beziehen und die dadurch entstehenden unterschiedlichen Klassenlagen lassen Separationen zu. Ähnliche oder gleiche Lebenslagen sind Voraussetzung dafür, Menschen in eine bestimmt Klassen zusammenfassen (ebd., 531).

2.2. Stand/soziale Ehre bei Weber

Den Klassen stellt Weber die Stände gegenüber. Die ständische Lage kann negativ und positiv privilegiert sein. Merkmale sind die Lebensführungsart, die formale Erziehungsweise, das Abstammung- oder Berufsprestige (Weber 1980, 179).

Die ständische Lage kann etwas mit der Klassenlage zu tun haben, also auf ökonomischen Gesichtspunkten beruhen, muss es aber nicht zwangsläufig (ebd., 180).

Der Stand ist für Weber eher als eine Gemeinschaft anzusehen als die Klasse. Die soziale Ehre impliziert Sonderschätzungen und Sondermonopole, im speziellen der Berufsstand wirkt auf die Lebensführung ein. Weiterhin gibt Weber den Geburtsstand, also die Abstammung als Abgrenzung gegenüber anderen Ständen an.

Die ständische Gesellschaft, d.h. eine Gesellschaft die eher nach Ständen gegliedert ist als nach Klassen, ist konventional, also durch Regeln in der Lebensführung geordnet. Sie dämpft den Markt und sein expansives Verhalten (ebd., 180).

Stände können sich weiter entwickeln zu Kasten. Kasten sind eher ritueller Natur und können Kulte und Götter entwickeln. Der Glaube an die eigene soziale Ehre kann soweit gehen, dass eine Berührung mit einem nicht standesgemäßen Menschen als „Verunreinigung" angesehen werden kann (ebd., 536).

Stände unterscheiden sich durch eine Monopolisierung ideeller und materieller Güter. Exklusivität ist ein wichtiges Kriterium. So ist zum Beispiel das Vorrecht auf bestimmte Trachten oder das Verbot gewisser Speisen als Abgrenzung entscheidend (ebd., 537). Hier greift wieder die Dämpfung des Marktes, weil ein Stand Güter exklusiv für den Stand beansprucht und diese nicht für den freien Markt zur Verfügung stellt. Weiterhin gilt feilschen und handeln als nicht standesgemäß und somit wird ein typisches Merkmal von ökonomischen Handlungsprozessen ausgegrenzt (ebd., 538).

3. Die Klassenlagen des Klassenschemas nach Goldthorpe

Das Klassenschema nach Goldthorpe unterscheidet im Allgemeinen zwölf verschiedene Klassenlagen[1], die auf der Grundlage der Beschäftigungsverhältnisse einer Person entwickelt werden. Die nach der ISCO 1968 (International Standard Classification of Occupations) operationalisierten Variablen „berufliche Stellung" und „berufliche Tätigkeit" werden zu den im Folgenden dargestellten Klassenlagen kombiniert (Allbus, 387).

---

1) obere und mittlere Ränge der Dienstklasse (= höhere und mittlere Ränge der akademischen Berufe, der Verwaltungs- und Managementberufe; Großunternehmer)
2) niedrige Ränge der Dienstklasse
3) nicht-manuelle Berufe mit Routinetätigkeiten (vor allem Büroberufe, auch Verkaufsberufe)
4) Selbständige mit 2-49 Mitarbeitern
5) Kleine Selbständige mit 1 Mitarbeiter oder allein
6) Selbständige Landwirte
7) Techniker; Aufsichtskräfte der Beschäftigten im manuellen Beriech (Vorarbeiter, Meister)
8) Facharbeiter
9) Un- und angelernte Arbeiter
10) Landarbeiter
11) Abspaltung von Klasse 3: Berufe ohne jegliche bürokratische Einbindung. (Die Abspaltung wurde nachträglich vorgenommen, als das Klassenlagenschema auch für Frauen erstellt wurde.)
12) Genossenschaftsbauer (erst 1996 hinzugefügt)

(Die Aufstellung ist dem Allbus 1996, Seite 337 entnommen.)

Unter der Variable „berufliche Stellung" werden - zumindest im deutschen System – die sozialversicherungsrechtlichen Kategorien des Arbeiters, Angestellten, Selbständigen, Beamten und mithelfenden Familienangehörigen differenziert. Die „berufliche Tätigkeit" hingegen meint die tatsächliche Berufsbezeichnung eines Befragten.

Die Variablen „berufliche Stellung" und „berufliche Tätigkeit" geben also Auskunft über die Markt- und Arbeitssituation einer Person. Markt- und Arbeitssituation wiederum gelten als die zwei Hauptkomponenten der Klassenposition im Goldthorpeschen Modell, so dass sich eine Klassenlage danach bestimmt, dass ihre Mitglieder ähnliche Markt- und Arbeitssituationen gemein haben (Goldthorpe 1980, 39). Ebenso wie im Weberschen

---

[1] In der Literatur finden sich eine Reihe modifizierter Schemata, die mit etwas anderen Klassenlagen arbeiten. So unterscheiden Goldthorpe/Llewellyn sieben Klassenlagen, Goldthorpe/Erikson verwenden dasselbe Schema, differenzieren allerdings einige Klassenlagen aus, wodurch sich faktisch eine Unterscheidung von elf verschiedenen Kategorien ergibt. Die hier gewählte Darstellung ist die im Allbus gebräuchliche.

Klassenmodell ergibt sich also die Einordnung eines Individuums nach dessen Stellung auf dem Markt.

Die Mitglieder einer Klassenlage sind bezüglich ihrer beruflichen Stellung vergleichbar nach den Quellen und dem Niveau ihres Einkommens, dem Grad der ökonomischen Sicherheit, die ihnen ihre Beschäftigung bietet und den Chancen des ökonomischen Aufstiegs, bezüglich ihrer beruflichen Tätigkeit nach ihrer Verortung im System von Autorität und Kontrolle, d.h. nach dem Grad von Autonomie in der Ausführung von Arbeitsaufgaben und Arbeitsrolle (ebd., 39).

3.1 Die theoretische Entwicklung der Klassenlagen

Das Klassenschema nach Goldthorpe entwickelt sich ausgehend von einer theoretischen Grundannahme, die sich ursprünglich bei Karl Marx und Max Weber findet, nämlich, dass man die Akteure der Arbeitswelt in einer dreigliedrigen Struktur – Arbeitgeber, Selbständige und Beschäftigte – verorten kann. Arbeitgeber kaufen die Arbeitskraft anderer auf, und erlangen so ein gewisses Maß an Kontrolle über ihre Arbeiter. Selbständige ohne eigene Beschäftigte kaufen weder Arbeitskraft auf dem Markt ein, noch veräußern sie ihre eigene. Beschäftigte veräußern ihre Arbeitskraft an einen Arbeitgeber und unterwerfen sich dementsprechend seiner Autorität und Kontrolle (Erikson/Goldthorpe 1992, 37).

Von dieser noch sehr allgemeinen Unterscheidung gelangt das Modell nach Goldthorpe in Reaktion auf verschiedene Entwicklungen des 20. Jahrhunderts zu weiterführenden Modifizierungen. Dabei berücksichtigt wurden zum einen die zunehmende Transformation produktiven Eigentums in private oder öffentliche korporative Formen, was dazu führte, dass Organisationen und nicht wie zuvor hauptsächlich Individuen als Arbeitgeber auftraten. Zum anderen wird die Zunahme an Beschäftigten gemessen als Anteil an der arbeitenden Bevölkerung berücksichtigt, welche eine Ausdifferenzierung des Verhältnisses von Beschäftigten zu Arbeitgebern mit sich brachte, ebenso wie eine Ausdifferenzierung der Formen des Unternehmers bzw. Arbeitgebers (ebd., 40). Diese empirischen Sachverhalte mussten in das Klassenschema integriert werden.

Das Goldthorpesche Klassenschema will die neu entstandene Bandbreite verschiedener Arbeits- und Marktsituationen sinnvoll untergliedern, indem es Klassenlagen erstellt, die der grundsätzlichen Gegenüberstellung der Begrifflichkeiten „labour contract" und „service relationship" Rechnung tragen (ebd., 41). Diese Unterscheidung lässt sich am bildlichsten mit den gegensätzlichen Begriffen „Arbeiter" und „Angestellter" übersetzen, obwohl diese

Bezeichnungen im deutschen System einen anderen Ursprung haben als im britischen, auf das die Erklärungen der hier zitierten Literatur zugeschnitten sind.

Der Arbeiter, welcher durch einen Arbeitsvertrag an seinen Arbeitgeber gebunden ist, nimmt teil an einem sehr spezifischen Austausch seiner Arbeitskraft gegen Lohn (ebd., 41). Dabei wird er von seinem privatwirtschaftlichen Arbeitgeber kontrolliert.

Der Angestellte in einem Dienstverhältnis steht in einem diffuseren Austauschverhältnis (ebd., 41). Seine Aufgabe ist es, ihm übergebene Autorität auszuüben, oder spezialisiertes Wissen und Expertise im Interesse seines Arbeitgebers (zumeist eine Organisation des öffentlichen Bereiches) anzuwenden. Sein Aufwand wird durch ein festes monatliches Gehalt entschädigt (während der Arbeiter entweder in Stück- oder Zeitlohn ausgezahlt wird), seine Arbeitssituation ist durch wesentlich mehr Autonomie gekennzeichnet als die des Arbeiters.

Aufgrund der Charakteristika der Tätigkeiten eines „Dienstleisters" ist es für den Arbeitgeber wenig effizient, den Angestellten bei seiner Arbeit zu kontrollieren, vielmehr wird er versuchen, seine Beschäftigten durch eine persönliche moralische Bindung zur Arbeit zu motivieren. Neben größerer Autonomie bieten Dienstverhältnisse weitere Vorteile, wie zum Beispiel große ökonomische Sicherheit während und nach der Beschäftigung, gut definierte Aufstiegsaussichten und eine langfristige Beschäftigungsperspektive (ebd., 42).

Die aufgezählten Merkmale bleiben selbstverständlich idealtypischer Natur. Sie bilden jedoch eine der theoretischen Grundlagen, von denen ausgehend Goldthorpe sein Klassenschema entwickelt. Am klarsten repräsentieren die ersten beiden Klassenlagen die Dienstklasse, während die achte und neunte Klassenlage die Klasse des „labour contract" vertreten. Zwei Klassenlagen, die eine Mischform dieser Gegensätze bilden, sind die nicht-manuellen Berufe mit Routinetätigkeiten, sowie die Techniker und Aufsichtskräfte der Beschäftigten im manuellen Bereich. Bei den Inhabern dieser Klassenlagen ist beobachtet worden, dass sie von ihren Arbeitgebern wahlweise im Status eines Arbeiters oder eines Angestellten beschäftigt werden (ebd., 43).

Es sei noch bemerkt, dass die Differenzierung von manuellen und nicht-manuellen Tätigkeiten keine vorab definierte Unterscheidung war, da sie nach Auffassung von Goldthorpe/Erikson nicht nützlich für die theoretische Entwicklung von Klassenlagen sein könnte. Sie wurde vielmehr in das Schema integriert, weil sich empirisch feststellen ließ, dass „Arbeiter" im überwiegenden Maße manuelle Berufe ausüben, während dies auf „Angestellte" nicht zutraf. Allerdings weisen die Autoren an dieser Stelle darauf hin, dass sie Datenquellen für diese Analyse genutzt haben, die mehrere Dekaden von der Mitte der 70er Jahre zurückreichten (ebd., 43).

3.2 Anwendung des Klassenschemas nach Goldthorpe

Bei dem Goldthorpeschen Klassenschema handelt es sich nicht um ein hierarchisch strukturiertes Schema, vielmehr stellt es ein „Konzept der Klassenstruktur" dar (Beckmann/Trometer, 12). Eine hierarchische Anordnung der verschiedenen Klassenlagen hätte die Orientierung an Prestige- bzw. Statusüberlegungen vorausgesetzt, welche beim Klassenschema nach Goldthorpe allerdings konsequent vermieden wurde. Die unterschiedlichen Klassenlagen wurden aus einem theoretischen Ansatz heraus entwickelt um analytisch nutzbar gemacht zu werden, nicht um Hierarchieverhältnisse abzubilden. Goldthorpe/Erikson erheben keinen Anspruch auf definitive Gültigkeit ihres Klassenschemas, sondern betonen, dass sie ein Arbeitsinstrument entwickeln wollten, dessen Qualität oder Unzulänglichkeit sich letztlich erst während und nach der praktischen Anwendung zeigen kann (Erikson/Goldthorpe 1992, 46f.).

Praktisch angewendet wird das Goldthorpesche Klassenschema zum Beispiel seit 1990 im Allbus (Beckmann/Trometer, 8). Es bietet vor allem den Vorteil, einen Fokus auf den Bereich der Dienstleistungen zu lenken, wodurch es adäquater auf den Informationsbedarf einer Dienstleistungsgesellschaft reagiert als ältere Modelle dies vermochten. Anhand dieses Klassenschemas lässt sich der Übergang einer Gesellschaft von einer hauptsächlich auf den sekundären wirtschaftlichen Sektor ausgerichteten Ökonomie zu der viel beschworenen „Dienstleistungsgesellschaft" abbilden, wenn man die quantitativen Bewegungen der verschiedenen Klassenlagen über einen gewissen Zeitraum hinweg beobachtet und vergleicht. Genutzt wird das Schema auch zur Abbildung klassenspezifischen Wahlverhaltens bzw. politischer Einstellungen, oder zur Nachzeichnung von sozialer Mobilität (ebd., 12).

Das Goldthorpesche Klassenschema wurde ursprünglich mit besonderem Augenmerk auf die britische Situation entwickelt und diente hier vorrangig zur Erforschung von Mobilitätsprozessen in einer modernen Industriegesellschaft. Es ist allerdings von vielen Wissenschaftlern adaptiert und nach ihren eigenen Fragestellungen und Rahmenbedingungen modifiziert worden.

Die im Allbus verwendete Form des Schemas ist auf internationale Vergleichsdatensätze zugeschnitten und wird daher häufig in der internationalen vergleichenden Mobilitätsforschung angewendet (ebd., 12f.).

4. Berufsklassifikation und Messung des beruflichen Status/Prestige

In Max Webers Konzept der sozialen Ungleichheit wurde zwischen ökonomischer Klassenlage und ständischer Lage differenziert. Die Klassenlage richtete sich weitgehend nach Besitz und Einkommen, wogegen der Zuordnung nach Ständen eine Betrachtung des Status, Prestiges und Lebensstils vorausging (Bendix 1964, 68-70).

Betrachtet man die heutige Gesellschaft, so ist diese starke Abgrenzung zwischen einzelnen Klassen oder Ständen nicht mehr existent. Durch die Verbesserung der Lebensbedingungen, die Verbreiterung der sozioökonomischen Mittelschicht und die zunehmenden Hilfeleistungen, z.b. im Sozialstaat Deutschland, hat die Einteilung in Klassen und Schichten ihr Gewicht verloren. Doch nach wie vor lassen sich demographische Unterteilungen basierend auf der Verfügbarkeit bestimmter Ressourcen wie Geld, Prestige, Bildung und Macht vornehmen. Da der Beruf eine der zentralen Dimensionen sozialer Ungleichheit in modernen Gesellschaften ist, stellen Jürgen H.P. Hoffmeyer-Zlotnik und Alfons J. Geis in ihrem Artikel „Berufsklassifikation und Messung des beruflichen Status/Prestige" Skalen zur Messung von Berufsprestige und sozioökonomischem Status und Klassenkategorien vor, welche im folgenden Kapitel näher erläutert werden.

4.1. Sozioökonomischer Status und berufliches Prestige

Der Zuordnung zu einem Stand nach Webers Prinzip der sozialen Ungleichheit geht vor allem eine „Einschätzung der Ehre" voraus, welche von individuellen Lebensführungen, Religion, Bildung, Abstammung und Beruf abhängt und aus der sich bestimmte Lebenschancen für ein Individuum ergeben.

Mit der Ausdehnung der sozioökonomischen Mittelschicht distanzierte man sich allerdings von der starken Polarisierung zwischen kleinstädtisch-handwerklichen und feudaladeligen Lebensformen, so dass heute die Unterteilung der Gesellschaft in Stände nicht mehr sinnvoll ist. Vielmehr spiegelt sich heute soziale Ungleichheit durch Einteilungen nach Status und Prestige wider. Jürgen H.P. Zlotnik-Hoffmeyer und Alfons J. Geis definieren den Begriff „Status" folgendermaßen: „„Status" definiert die Position des Menschen in Bezug auf die Positionen anderer. Damit positioniert „Status" die Stellung von Menschen in hierarchischen Zusammenhängen. Präzisiert auf „sozialen Status" wird über diesen eine Person in der Hierarchie der Gesellschaft, in der er sich bewegt, verortet" (Hoffmeyer-Zlotnik/Geis 2003,

125). Um Individuen einen bestimmten Status innerhalb eines sozialen Gefüges zuzuschreiben, werden Variablen wie „Bildung", „Beruf" und „Einkommen" betrachtet und somit wird der „soziale Status" zum „sozioökonomischen Status" (ebd., 125). Eng verbunden mit dem Begriff „Status" ist auch das Prestige. Unter Prestige versteht man das Ansehen einer Person, einer Gruppe oder Institution in der Öffentlichkeit eines bestimmten kulturellen Umfeldes (http://de.wikipedia.org/wiki/Prestige). Da die berufliche Tätigkeit die wichtigste Komponente des Ansehens einer Person darstellt, liegt der Schwerpunkt dieses Kapitels auf dem „Berufs-Prestige" und dem „Beruf" als Status-Variable.

4.2. „Beruf" als Status-Variable

Der Begriff „Beruf" hat nicht nur unterschiedliche staatliche oder kulturelle Definitionen, sondern auch die Aufgaben und Tätigkeiten „nominell identischer Berufe" können innerhalb eines Staates oder einer Kultur voneinander abweichen (Hoffmeyer-Zlotnik/Geis 2003, 126). Aus diesem Grund wird eine Standardklassifikation der Berufe, die „International Standard Classification of Occupations" (ISCO) benutzt, welche den sozioökonomischen Status und das soziale Prestige bestimmter Berufe erfassen und die nationalen Berufsstatus-Hierarchien angemessen darstellen kann. Die Variable „Beruf" ist für die Bestimmung des sozialen Status von besonderer Bedeutung, da die beiden anderen Variablen „Bildung" und „Einkommen" mittlerweile weitgehend im „Beruf" inbegriffen sind. Da die Bildungssysteme in den verschiedenen Bundesländern stark voneinander abweichen und auch eine höhere Bildung nicht unbedingt einen höheren Status garantiert, sondern lediglich bessere Voraussetzungen im Kampf um einen Arbeitsplatz schafft, ist die Variable „Bildung" als Status-Variable unbrauchbar geworden. Auch das „Einkommen" ist mittlerweile zur Bestimmung des Status untauglich geworden, da durch Stagnationen bei Lohn- und Gehaltssteigerungen und starke Einkommensverluste der sozioökonomische Status nicht angemessen repräsentiert werden würde. Des Weiteren ist auch das „Einkommen" in der Variable „Beruf" so stark integriert, dass es ausreicht, den „Beruf" zur Bestimmung des sozioökonomischen Status und des Berufs-Prestige heranzuziehen, da mit der beruflichen Tätigkeit und der Position auch bestimmte Lebensstile, Verhaltensweisen, Einstellungen und Gruppenhandeln einhergehen. Im Folgenden werden drei Skalen zur Bestimmung des Berufsprestiges und sozioökonomischen Status vorgestellt.

13

4.3. Die internationale Berufsprestige-Skala von Treiman (SIOPS)

Mit der internationalen Berufsprestige-Skala von Treiman wurde in den 70er Jahren eine international standardisierte Skala entwickelt, welche einen Vergleich verschiedener nationaler Prestige-Hierarchien auf internationaler Ebene ermöglicht. Der Ausgangspunkt dieser Skala waren die Ergebnisse einer Umfrage, bei der Personen aus 55 Ländern basierend auf der ISCO das soziale Ansehen zahlreicher Berufsbezeichnungen bewerten und in eine Reihenfolge bringen sollten. Die internationale Berufsprestige-Hierarchie basiert also auf dem Grad der internationalen Übereinstimmung und wird bestimmt über eine Wechselseitigkeit der Prestige-Werte identischer Berufe in unterschiedlichen Ländern.

Dieser „Standard International Occupational Prestige Scale" (SIOPS) von Treiman gingen die empirischen Untersuchungen aus Ländern von der Agrargesellschaft bis zur spätindustriellen Gesellschaft voraus, so dass es man mit dieser Skala problemlos sowohl das Berufs-Prestige frühindustrieller als auch postindustrieller Gesellschaften bewerten kann. Verschiebt sich jedoch das gesellschaftliche Schichtungssystem, wie z.B. in einer sozialistischen Gesellschaft, bei der die Orientierung am Markt wegfällt, so wird diese Skala untauglich. Dies trifft ebenfalls auf traditionelle Agrarstaaten zu, bei denen das Schichtungssystem der Industriellen Gesellschaft nicht gilt. Seit Beginn der 90er Jahre mit Wegfall des Sozialismus gelten nun aber in den EU-Staaten gleiche Bewertungskriterien, so dass eine auf ISCO basierende internationale Prestige-Skala durchaus gerechtfertigt ist (Hoffmeyer-Zlotnik/Geis 2003, 129).

4.4. Die internationale Skala des sozioökonomischen Status von Ganzeboom et al. (ISEI)

Der „Standard International Socio-Economic Index of Occupational Status" (ISEI) wurde 1992 von Ganzeboom, De Graaf, Treiman und de Leeuw als weitere internationale Skala zur Messung des sozioökonomischen Status entwickelt. Hierbei wird die berufliche Tätigkeit mit den anderen Status-Variablen „Einkommen" und „Bildung" kombiniert, indem 74.000 vollzeitbeschäftigte männliche Befragungspersonen aus 16 Ländern im Alter zwischen 21 und 64 Jahren Aussagen über Bildung, Beruf und Einkommen tätigten. Es wird also davon ausgegangen, dass jedem Beruf ein bestimmtes Bildungsniveau vorausgeht und dementsprechend entlohnt wird. Auch diese Skala basiert auf der internationalen Standardklassifikation ISCO.

4.5. Die Magnitude-Prestige-Skala (MPS) von Wegener)

Mit der Magnitude-Prestige-Skala (MPS) von Bernd Wegener wurde eine wichtige Skala zur Bestimmung des nationalen Berufsprestiges entwickelt. Dieser Skala gingen Studien voraus, die 1979 und 1980 in der Bundesrepublik durchgeführt wurden. Hierbei sollten die Befragungspersonen zunächst 50 verschiedene Berufe ihrem sozialen Ansehen nach in eine Reihenfolge bringen und schließlich wurden weitere Berufe unter Rückgriff der Treiman-Skala eingeordnet (Hoffmeyer-Zlotnik/Geis 2003, 131).

4.6. Skala „Autonomie des beruflichen Handelns" von Hoffmeyer-Zlotnik

Jürgen H.P. Hoffmeyer-Zlotnik entwickelte 1998 die Skala „Autonomie des beruflichen Handelns", welche sich auf die Stellung im Beruf bezieht und somit das berufliche Prestige auf nationaler Ebene misst (Hoffmeyer-Zlotnik/Gleis 2003, 132f.).

Zusätzlich zu der Klassifikation der beruflichen Stellung in die versicherungstechnischen Kategorien „Selbständiger", „Beamter", „Angestellter" und „Arbeiter" werden diese nach verschiedenen Tätigkeitsmerkmalen unterteilt. Die Hierarchie der Selbständigen richtet sich z.B. nach der Größe des Betriebes, die der Beamten nach dem Dienstrecht, also einfacher, mittlerer, gehobener oder höherer Dienst, die Arbeiter nach ihrer Ausbildung, ihrer Einsetzbarkeit und Verantwortlichkeit und die Angestellten nach der Verantwortung, die sie bei der Ausführung ihrer Tätigkeit übernehmen (ebd., 133).

Bei der Skala der „Autonomie des Handelns" werden zunächst die Tätigkeiten der abhängig Beschäftigten („Beamte", „Arbeiter" und „Angestellter") nach unterschiedlichen Stufen der Autonomie des Handelns hierarchisch gegliedert. Einfachen Tätigkeiten würde demzufolge geringe Handlungsautonomie zugeschrieben werden, wogegen die Ausübung bestimmter Führungstätigkeiten im hohen Bereich der Handlungsautonomie anzusiedeln wäre. Daraufhin werden dann die Selbständigen und schließlich die „mithelfenden Familienangehörigen" in diese Skala eingegliedert (ebd., 133f.).

Von dieser Skala wird vor allem Gebrauch gemacht, wenn die grobe Differenzierung von beruflichem Prestige als Hintergrundvariable ausreicht und somit nicht die umfangreichen nationalen oder internationalen Skalen basierend auf ISCO verwendet werden müssen (ebd., 135).

5. Fazit

Im Rückblick auf die vorangegangenen Darstellungen lässt sich erklären, warum die Theorie Max Webers überholt ist. Soziale Mobilität wies zu seiner Zeit nicht die Ausprägung auf, wie dies heute der Fall ist. Klasse und Stand sind in der Weberschen Theorie demnach eher „vererbliche Größen". So nimmt hier z.b. der Beruf nicht solch einen hohen Stellenwert ein wie dies im heutigen Gesellschaftsgefüge erforderlich ist.

Die neuen Klassenschemata und Prestigeskalen orientieren sich wie beschrieben an beruflicher Stellung und Tätigkeit eines Individuums – nicht am Besitz –, so dass der Aspekt der sozialen Mobilität hinreichend berücksichtigt ist. Diese Orientierung bildet die Gemeinsamkeit des Klassenschemas und der Prestigeskalen in der heutigen empirischen Sozialforschung. Es wird deutlich, dass der Beruf als Bestimmungsmerkmal von sozialer Position ausreicht, da er andere Variablen wie Bildung, Einkommen, Handlungsautonomie, etc. beinhaltet.

Auch wenn die deskriptiven Elemente „Besitzklasse", „Erwerbsklasse", „soziale Klasse" bei Weber aus den erläuterten Gründen keine Anwendung mehr finden können, so ist die Webersche Theorie im Hinblick auf ihre Mehrdimensionalität dennoch aktuell. Nach wie vor müssen ökonomische und soziale Bedingungen gleichermaßen betrachtet werden, um ein Individuum im sozialen Gefüge verorten zu können. Erst die kombinierte Betrachtung der Klassenlage und des Sozialprestiges hilft, Strukturen sozialer Ungleichheit aufzudecken.

6. Literaturverzeichnis

ALLBUS: Allgemeine Bevölkerungsumfrage der Sozialwissenschaften, Codebuch, ZA-Nr. 2800, Hrsg. vom Zentralarchiv für empirische Sozialforschung an der Universität zu Köln, 1996.

Beckmann, Petra/ Trometer, Reiner: Neue Dienstleistungen des ALLBUS: Haushalts- und Familientypologien, Goldthorpe – Klassenschema, in: ZUMA-Nachrichten 28 (1991), S. 7-17.

Bendix, Reinhard: Max Weber – Das Werk. München: Piper Verlag 1964, S. 68-70.

Costas, Ilse: Grundlagen der Wirtschafts und Sozialstatistik / Ilse Costas, Frankfurt am Main/New York: Campus Verlag, 1985, Kapitel 7, S. 89-90.

Erikson, R./Goldthorpe, J.H.: The Constant Flux, Oxford 1992, S. 35ff.

Goldthorpe, J.H.: Social Mobility and Class Structure in Modern Britain, 1980, S. 38ff.

Hoffmeyer-Zlotnik, Jürgen H.P., Geis, Alfons J: Berufsklassifikation und Messung des beruflichen Status/Prestige, in: ZUMA-Nachrichten 52 (2003), Jg. 27, S. 125-138.

Weber, Max: Wirtschaft und Gesellschaft, Tübingen 1980[5], Kap. IV und VIII, § 6.

Internetquellen:

http://de.wikipedia.org/wiki/Prestige (Zugriff am 26.11.2004).